애인 뽑기

제42차 기획시선 공모당선 시집

애인 뽑기

시산맥 기획시선 129

초판 1쇄 인쇄 | 2024년 6월 1일
초판 1쇄 발행 | 2024년 6월 5일

지은이 박유정
펴낸이 문정영
펴낸곳 시산맥사
편집주간 김필영
편집위원 신정민 최연수
등록번호 제300-2013-12호
등록일자 2009년 4월 15일
주소 03131 서울특별시 종로구 율곡로 6길 36. 월드오피스텔 1102호
전화 02-764-8722, 010-8894-8722
전자우편 poemmtss@naver.com
시산맥카페 http://cafe.daum.net/poemmtss

ISBN 979-11-6243-472-7 (03810) 종이책
ISBN 979-11-6243-473-4 (05810) 전자책

값 12,000원

* 이 책은 전부 또는 일부 내용을 재사용하려면 반드시 저작권자와 시산맥사의 동의를 받아야 합니다.
* 이 책은 교보문고와 연계하여 전자북으로 발간되었습니다.
* 본문 페이지에서 한 연이 첫 번째 행에서 시작될 때에는 〈 표기를 합니다.
* 저자의 의도에 따라 작품의 보조 동사와 합성 명사는 띄어쓰기가 달라질 수 있습니다.

애인 뽑기

박유정 시집

| 시인의 말 |

'내일 지구의 종말이 올지라도 오늘 한 그루의 사과나무를
심겠다' 라던
스피노자의 말에 기대어

나의 사과나무를 심는다

웃자란 나무들의 발등에 낙과가 수북하다
갈아엎은 땅에서 싹을 내미는 질긴 목숨들을
다시, 돌보기로 한다

풋사과의 신선함을 이해하시는
그대의 취향은 얼마나 눈부신가!

처음인 듯 맞이하는 계절을
바라보며

2024년 박유정

■ 차례

1부

야생의 피	19
다시 나비를 쓴다	22
애인 뽑기	24
계절 밖의 질문	26
딸들아!	28
고양이의 봄	30
아르헨티나. 아리핸트나	32
할머니의 구멍 예찬	34
의자	36
겨울에 쥐구멍 찾기	38
고래의 노래	40
어쩌다 행성	41
함께 날자	42
너라서	44
보이는 만큼 질문합니다	46

2부

꽃을 수확하세요   51
재회   52
그날   54
프로이트 풍으로   56
이윽고   58
업둥이   60
소박한 사업장   62
리턴   64
풍등   66
백두산의 비명   68
차이   70
낚시   71
수제비   72
아마도   73
밤의 미학   74

3부

일차 방정식	79
물의 성장	80
밥	82
찰라	84
허공에 박음질	86
또니나	88
모네의 정원	90
과외	92
다리의 엔딩	94
꽃의 건기	96
낙타와 바늘구멍	97
가을의 스윙	98
물의 뼈	100
혀	101
목줄이 있는 의자	102

4부

요양원	107
꽃들의 생각	108
불멸의 약속	110
옥돌	111
숲으로 가는 길	112
계절이라는 우주	114
그 집 대문 안	116
아주 평범한 이야기	118
비빔국수	120
초록을 품다	122
과수원에 열린 글	124
동우회	125
우리라는 말	126
남의 이름에 흠집 내지 마	128
발아의 시기	130

■ 해설 | 문정영(시인) 133

1부

야생의 피

피는 못 속인다는 말이 맞는다면
나의 조상은 야생이었을 거야

초원을 뛰고 싶어, 날고기가 열매처럼 달려 있어

시뻘건 피를 핥고 싶어

혹시 사자였을까 표범이나 늑대였을까
야생이었다면 제발 수컷이었기를 바래

암, 여우는 너무 간사하거든

왕의 자리에 앉아 모든 암컷들을 거느리는 수사자는
목덜미 털을 고르거나 나뭇둥걸에 등을 비비다가
붉은 입을 섹시하게 쩌억 벌리겠지

무심한 척 기지개를 켜거나

수컷이었을 거라는 본능이 꿈틀거려
〈

남을 흉내 내는 것은 수컷들의 욕망일 뿐
나는 처음 하는 짓이니 피의 흐름에 맡길 수밖에

다른 사람의 낯선 페이지에 내가 써 놓은 시어가 들어 있을 때는
제대로 키우지도 못했으면서, 방목이 늦은 걸 후회해

이미 익을 대로 익었거나
누가 뜯어 먹다 남은 다리뼈 같아서 쓴맛을 다시지

거짓말을 쓰면 손이 저릴 거야

생전 처음 오른 산허리를 헤매다가
겨우 어린 토끼 한 마리 잡았을 뿐인데
누군가 뜯어 먹고 남은 가죽이야
누가,
내 방목된 토끼를 먹어 치우고
가죽만 남겼을까

누가, 가자미눈으로 나를 읽나 봐

눈이 한쪽으로 돌아가는 것이 보여

걱정 마, 앞으로는 야생의 피가 가득한
숲속 같은 시를 쓸 테니까

다시 나비를 쓴다

분홍 소문과 가까워졌어
잘 익은 웃음은 꽃으로 부풀겠지

어쩌다 바깥과 안을 모두 갖춘 완벽이라는 얼굴에
이름표를 달았을까

그 나비는 얼마나 많은 꽃밭을 날아다녔을까

홍조 띤 부끄러움이 가벼워졌을 때
누군가가 진실을 열어 수줍게 시작하겠지

맞닿을 듯 가까운 시선에서
안단테, 알레그로라고 적어 두었지

쓰다듬을수록 가까워지는
사탕 천천히 녹이는 방법으로

겨드랑이에 닿아도 팔에 걸어도
순해지는 순간순간 멀리서 날아온 나비
〈

사선으로 스쳐도 직선으로 스쳐도
분홍이 깊어지는 사이 그 이름은 다시 나비

애인 뽑기

사탕을 입에 문 착한 아이 같다

헛손질로 달궈진 집게가
딱 하나를 집어 올린다

시간의 문을 열고
수많은 계절을 매달고 온

잡혔다 떨어질 때마다 늘어난 구멍들이
검고 무겁다

구멍이 데리고 온 얼굴들 속에 너도 있다

눈보라를 뒤집어쓴 듯 얼어붙은

주술사가 되어
꽃 이름을 외우다 뽑혀온 애인

외로움이란 환절기 감기와 같아서
치료가 가능한 병

〈
시간은 선한 자에게 콧노래를 가르치고

뽑힌 애인은
여름 미루나무처럼 아직도 자라고 있는 사람

계절 밖의 질문

타인의 생각에는 자막이 있으면 좋겠다

순간이었다는 말이 닿기 전에
바람으로 귀를 씻고 싶다

농담은 체리처럼 붉고 절규는 고양이 비명 같다

부르지 않아도 자꾸 돌아보게 되는 시간 위에서
말을 고르는 너는 말문을 열기 전 아이 같다

비가 오는 날들도
잘려 나간 선인장이 꽃 피우듯 환한 날이 많았다

검은 눈썹이 슬퍼 보이는 날은
서로에게 물들었다는 생각이 든다

온종일 한 사람을 향해 붉은 점멸등이 깜박인다

불면이 깊어지는 밤이면
침묵으로 용서를 몰래 들여다보는 버릇이 있다

〈
목소리가 잔잔해지는 시간에는
서로의 주름을 들여다보며

상처도 꽃으로 봐 줄 수 있다는 것은
천 마리의 비둘기를 상상하는 시간이었다

깃털처럼 부드러운 총알이 있다면 너에게 쓰겠다

딸들아!

눈에 넣어도 아프지 않다는 말을 너희들에게 배웠다

비옥하지 못한 밭에서 탐스럽게 자라
예쁘게 피어난 꽃들에 고맙다

너희들을 바라보는 내 기쁨은 저울에도 달리지 않는 무게다
활짝 핀 꽃들 앞에서 나도 목젖이 보이도록 웃으며 꽃이 된다

딸들아!

세상은 산과 바다와 같아서
산은 오르막, 내리막, 평지, 돌, 잡풀과 숲이 있고
바다는 계속 움직여야 사는 곳이라
신비하고 속 깊고 흥미롭다

생은 축제 아니면 숙제란다

축제는 현재이고 숙제는 미래를 여는 창이어서
깊이 들여다보면 모두가 아름다운 풍경이지
〈

딸들아!
부디 자신을 사랑하고 사랑하여라

길섶에 나부끼는 풀포기까지도 사랑하여라

고양이의 봄

해장국집 앞에서 마주친 얼굴
우리는 눈이 두 개라는 공통점이 있다

아슬아슬하게 곡선을 지향하는 너는
사랑을 위해 포악한 울음을 지니고 있구나

월담의 간절함으로 등대처럼 붉어진 눈
귀를 세워 듣고 싶은 소리를 유인하는 3월

카오야이 공원˚ 물소처럼 입을 쩌억 벌려 찾은 사랑의
유두가 머지않아 파리처럼 부풀겠구나

연녹색 나뭇잎이 초록으로 가는 여름 보란 듯이

너는 꼬리를 하늘로 치켜세워 발톱을 길게 뻗고
새끼를 거느리고 자주 거주를 옮기겠지

얼이 빠진 사랑 때문에 울었다는 것도
이사를 자주 하는 것도
〈

어미가 된 너의 마음이라는 것 알 것 같다

* 태국 : 카오야이 국립공원.

아르헨티나. 아리핸트나

같이 가자

어디로?

아르헨티나

그래 같이 가자 아리핸트나

눈과 멀어진 계절
의사가 통했으니 되었다

유명 축구장의 휴관과 흥행에 관계없이
썰물과 밀물처럼 사람들이 흘러 다닌다

아르헨티나 부에노스아이레스

그림자를 한없이 동쪽으로 밀어내는 저녁
무희의 치맛자락이 뜨겁다

유리창에 얼비친 얼굴들이 현란한 춤을 요구한다

〈
흔드는 만큼 고객들 주머니에서 쏟아지는 달러

무희의 다리에 힘이 솟고 손가락 끝에서 꽃이 피어난다

한 쌍의 무용수가 탱고를 발바닥으로 찍어대면
관람객의 박수가 한꺼번에 물방울처럼 터진다

카페 앞 무희들이 생계를 위해 춤으로 늙어 가는 골목

춤이 끝나고

크게 소리 질러
오렌지주스 주세요
주문을 했다

밖으로 나와 앉은 초라한 무대에 힘을 실어주는 소리다

한국말은 여기서도 통했다

할머니의 구멍 예찬

할머니 철학은 구멍으로 시작하여 구멍으로 끝난다
무엇이든 구멍이 중요하다고 밤낮없이 구멍 타령이다

물을 넣어 닦아주며
콧구멍이 소중하다는 구멍 타령이다

목구멍이 포도청이라는 목구멍 타령도 있고

감을 많이 먹으면 막힌다고 딱 세 개만 주시는
똥구멍 타령도 있다

장날 찐빵을 안 사 오고 생선만 사 온 아버지 쪽으로 눈을 흘겼더니 애비한테 어따 대고 눈구멍을 흘기냐고 또 구멍 타령이다 이번에는 곡조가 길다

누가 누구 흉을 보거든 한쪽 귀로 듣고 한쪽 귀로 내보내고
절대 그 말을 옮기지 말라며 귓구멍 단속이다

언제까지 구멍 타령이냐고 물으면
〈

구멍만큼 귀한 게 없고

너도 구멍에서 나왔다고 사뭇 비장하시다

셔츠 단추를 끼워 주시며 봐라 구멍이 얼마나 필요한지
구멍이 없으면 세상은 문을 닫는다

그 말씀도 할머니 구멍에서 나왔다

의자

꽃이었다는 소문을 지나

할머니는 앉을 일이 많아졌다

북쪽을 향한 그녀의 눈동자가 퀭하다

수동으로 변한 관절이
기우는 쪽으로 더 기우는 날들

눈 밑의 볼이 자주 젖는다

지우려는 감정과 살아나는 감정이
자주 부딪치는 날들이 늘어간다

허기를 사랑하는데 익숙해진 할머니

투명한 생각이 깜빡거릴 때면 벗어놓은 신발처럼
미동도 없으시다
의자에 앉으면 우주를 건너 저 멀리 가 닿을 듯하다
〈

산초 알 같던 눈빛이 안개 너머 저 멀리 있는 듯

바람과 햇살과 허기가 할머니를 보내드리는 시간

평생 담아온 모든 것을 두 눈 속에 깊이 가두신다

길은 끝나는 곳에 또 다른 길이 있기에
할머니는 다시 그곳에서 눈을 뜨시리라

할머니의 의자가 붉다

겨울에 쥐구멍 찾기

지옥에서 놀다 왔다
지옥에 가야 마땅하다
가끔은 여우들이 힐끔힐끔 쳐다본다
오리들이 활보하는 도시
지하철에서 흰 오리들이 우르르 쏟아져 나온다
나르다 뛰다 걷는다
카페로 숨어들어 꼬리를 도사린다
달콤한 쵸코라떼도 도움이 되지 못하는 두려움
바게트를 입에 욱여넣었다
깊은 곳에 숨었다고 생각했는데
거위들의 천국이다
수백 마리 거위들이 우글거린다
오리도 꽥꽥거린다
어깨 쫙 편 오리들이 로마 시대 병정들 같다
모두가 병사로 보인다
한 시간 전 나를 공격하던 목소리들
여우가 말했다
잔인해, 밍크 털을 벗기잖아
토끼털이 고개를 끄덕이고
뒤엉킨 털들이 공격 태세를 갖춘다

〈
내년 봄에는 희끗희끗 늙어 가는 고향으로 돌아가
도시의 허기를 섞어 목화를 심어야겠다

고래의 노래

활주로처럼 넓은 사람을 만나 고래 심줄 같은 사랑을 할 거야
뒷걸음질은 배운 적이 없어 안 해도 되고

심장 소리 귀에 들릴 때까지 거리를 좁힐 거야
밤낮없이 발칙한 생각으로 활주로를 벗어나지 않을 거야

당길수록 팽팽해서 수평을 유지하는 질긴 운명을 믿을 거야 때로는 수직을 고집해도 부르르 떨다가 다시 수평으로 돌아오는 물결, 그 위를 도망치는 파도처럼 빠르게 느리게 더 빠르게 되풀이하는 거야 순간을 놓치면 순간이 다시 온다고 믿을 거야 달의 방향을 따라 걷는 시간은 평범한 일상일 뿐이야 사랑이라고 부르고 싶은 시선 앞에 머물러 나대는 심장을 달래 볼 거야 배운 적 없는 율동으로 저도 화들짝 놀랄 만큼 숨이 차도록 바다를 유영하듯 그럴싸한 사랑을 위해 노래를 부를 거야

한 번의 들숨으로 태평양까지 다리를 곧게 뻗을 거야

어쩌다 행성

구름 앞에서 검어지는 것은 당연히 구체적이지

다시 올 거라는 추상적인 희망을 흔들며
너희들은 미래에 커갈 사람들

햇빛 몇 점을 등에 업고 환하게 자지러지는
시끌벅적한 운동장이 있었다

벚나무 가지에 앉은 새들이 주판알 소리를 주워 먹다 날아갔다
푸른 하늘은 새들의 희망이었다

내일이라는 바늘귀를 꿰던 어린 손들이 화단의 고사리 같았다

정직은 철봉의 틀처럼 직선 직각뿐,
폐교는 사라진 행성이다

깨진 유리창은 죽은 사람처럼 말이 없고
틈새로 사라진 풍금 소리 밤처럼 멀어졌다

함께 날자

꽃처럼 피어나는 계절병이다

계절을 소금이라고 읽는다는 나의 반대쪽 나라에 있는
우유니 사막이 보고 싶다

유령처럼 아른거려 열 손가락을 뻗어 휘휘 저을 때
손톱에서 소금이 우수수 날렸다

오래전 만났던 기억이
깃발처럼 흔들리며 겹치는 자막

떠오르는 얼굴들을 기도에 맡긴다

종착역은 어디냐고 묻지 않기로 하자

설렘으로 흔들리며
공기 구름 꽃 이름으로 시가 되자

얼룩진 허기를 짭짤한 소금 위에서 위로받는 사람들
〈

케리어를 돈보다 더 사랑하기에
자주 쓰다듬어 주었지

입 꼭 다물고 충견처럼 따라오며 꼬리를 흔드는 네가 예쁘다
깊숙이 감추고 싶은 어떤 비밀도 너에게 맡기면 충분히 마음 편하다

아름다운 스텝을 위해 함께 기도하자

너라서

자꾸 눈이 간다

언제부터 익숙해졌을까

냄새의 절반은 너이고
절반은 나여서

붉은 심장을 닮은 빛깔이 마지막 진심일까

맛만 가지고 알 수 없는 곳에 있는
혀끝으로 파고드는 싱싱함

탐스러운 식욕은 만족할 때 충만으로 끝이 나지

오래 고르다 잡은 너
향긋하고 아삭해서 믿어도 되는 맛

자꾸 물어뜯게 되는 한 덩어리의 만족

목젖을 적시는 달달함에 햇빛의 냄새가 가득하다

〈
황홀한 피날레를
한꺼번에 꿀꺽 삼키기 아까워
자꾸 혀를 돌린다

너 잘 익은 사과 맞지?

보이는 만큼 질문합니다

당신의 진실은 웃을 때 더 희미하다

흐린 날 해가 어디쯤 있을지 짐작해 보는 것처럼
자꾸 바라보는 습관에는 질문이 들어 있다

밖에서 안을 보는 실루엣이 확실치 않아
너의 속으로 숨어드는 날들이 많았다

새의 깃털은 어린 바람에도 흔들리듯이
느린 걸음걸이에는 하루의 기분이 실려 있다

맑은 날 모든 풍경에는 그림자가 있고

그림자가 선명치 못했던 날들은
풍경이 나에게 또 다른 질문을 보여주었다

여우비를 맞으며 불안으로 키워온 꽃
바닷속 해초처럼 흐느적거리는데

오늘은 안개 속을 벗어난 듯한 너를

어리둥절한 바람이 훑고 지나갔다

잎사귀처럼 흔들리는
너의 체온이 궁금하다

2부

꽃을 수확하세요

지금부터의 이야기는 믿어도 괜찮아

엄지와 검지 사이에 아주 어린 녹색이 있었어

봄을 그냥 보내고 여름 불볕에 산허리 황토밭에 옮겨 심어졌어

발가락으로 흙을 더듬어 움켜쥐던 작은 키
뙤약볕 아래에서 악을 쓰던 발가락

세상 밖의 일을 전부 읽을 수 없어
몸집을 불리고 꽃송이를 맺는 일은 혼자 감당하였다지

구름이 비가 된 사연을 받아 적으며
뿌리에 힘을 주고 버텼다지

브로콜리는 지금이 딱이야
그 여자의 꽃이 피기 전 이야기야

꽃이나 피거든 붉게 꺾으시지

연못에 수련꽃이 된 그 언니

재회

그날은 서로에게 들려준 것도 없고
쥐여준 것도 없었다

동쪽과 서쪽을 바라보며 각자의
커피잔을 더듬으며 들숨과 날숨이 대화의 전부였다

집으로 돌아오는 길에 빈집 같은 차에서
생각나지 않는 얘기를 기억해보았다
나무를 자른다는 일이 얼룩처럼 신경 쓰여서
안부조차 묻지 않고 크리스마스가 한 번 지나가고

또다시 크리스마스가 도래하고

길게 늘어진 장마 끝에 당도한 맑음처럼
오랜만의 우연한 재회였다

쥐지 못한 시간을 다시 찾은 듯
해바라기로 앉아 서로의 바닥이 궁금했다

출구를 열어놓고 서로에게 귀를 걸어두는

시간이 길어졌다

불시착한 엔진처럼 살펴볼 게 많은 듯

넓이와 높이를 지나 느림의 미학으로
깊이를 들여다보는 중이다

그날

그의 목소리는 안개비처럼 고요했다

많은 말들이 반죽처럼 뒤섞여
한 덩어리가 되었다

노래를 기다리는 테이블 위
차가운 유리잔에 몇 개의 달이 뜬 것도 같고
이미 기울었다고 생각하기도 했다

남자는 가끔 진한 눈썹으로 웃었다
혼잣말은 문풍지를 통한 바람소리 같았다

자주 드러내는 이는 불빛 앞에서 조용하게 빛났다

놓쳐버린 순간이 있을까 봐 서로를 바라볼 때
모자를 숙이곤 했다

서로의 느린 고백을 입속에 남겨둔 채
마음을 삼키며 돌아섰다
〈

내려놓을 수 없는 꿈을 화초처럼 키우며

그다음 날의 해도 여전히 동쪽에서 떴다

프로이트 풍으로

출구가 열리고
멀리서 온 말들이 가지런히 눕는다

고양이가 흘린 울음이 발을 디민다

살아 있는 생각과 죽어가는 생각이 만나는 사이
울음을 감춘 고양이는 어느 쪽으로 갔을까요

폭식하는 남자는 꽃 뒤에 숨어 꽃을 읽을까요

북적이는 유원지에서 무인도가 되어가는 섬

고양이와 비명과 기억은 섬을 벗어날 수 있을까요

은둔자가 되어 발톱을 키우는

온 밤을 다 써도 잦아들지 않는 순간들

아침 이슬로 목을 헹구고 바람으로 귀를 씻어내도
〈

위험한 생각들이 눈물처럼 반짝인다

안개 속에서 허공을 훑고 가는 무의식의 의식은

어지러운 공중부양 춤 같다

이윽고

그늘의 질감은 한낮의 빛이 광기를 부려도
찢을 수 없어요

겹쳤던 그림자가 당신의 궤도를 이탈 후
기우는 것은 기우는 것들의 본능일 뿐

한 페이지를 열고 또 다른 페이지에 쓰인
전혀 다른 시처럼

교차하는 생각은 욱신거리는 열기였어요

빛이 닫힌 시간에도 입안을 맴돌던 안부는
오래 참아 온 허기를 닮았어요

들숨과 날숨이 서로의 대답이 되는 순간
당신은 초식동물처럼 순한 눈이 되었어요

이윽고 먼 곳을 처음 본 것처럼 바라보며

가던 길 돌아와 마주 본 발등

이대로 길을 잃어도 좋아요

다음 질문은 서로가 찾아야 하는 암호 같은

허공에 묻기로 해요

업둥이

담 밑에 아기 손톱보다 작은 싹이 나왔다
뿌리 내린 곳이 주소가 되었다

거름 준 적 없고 물 준 적 없는데
곡식 될 건 떡잎부터 알아본다고
쑥쑥 자라 그림자를 넓혀갔다

맨드라미꽃이 피어 벙긋벙긋 웃는다
웃음이 떨어져 담 밑이 환하다

앞마당에 가꾼 꽃밭보다 환하다

옆집 업둥이는 오동포동 잡심부름으로 잔뼈가 굵어졌다

 배움으로 날개를 단 형들은 태평양 건너 큰 나라로 주소를
옮기고

 닭 쫓던 개 지붕을 보듯
 먼 나라로 향하는 노부부의 눈길
 〈

맨드라미처럼 자리를 지키는 업둥이
부모 향한 마음이 새까맣게 영글었다

씨앗이 또 싹을 틔우니 한가득 꽃밭이다

소박한 사업장

중요한 건 바람의 농도다

엉덩이 살짝 틀어 앉으면 뒷배경과 앞 배경이 바뀐다

인심 좋은 자갈밭이 엉덩이 붙이고 다라 하나 놓을 만큼
무상임대 해주었으니

배 한 척이 남편의 사업장이었다면
여인의 다라는 배 한 척 급이다

고기들이 다라를 스스로 벗어날 수 없듯이
여인도 쉽사리 벗어날 수 없는 바닷가

부력이 없는 물에서 도미가 지느러미로
마지막 심장을 붓질한다

여인은 숫돌 위에 붉은 심정을 썩썩 간다

바다가 내 남편을 삼켰으니
남편이 올 때까지 바다가 키운 고기를 나에게 담보하라

고무통을 노려보는 낯선 눈동자들이 몰려오고
숨통 조이는 손가락질이 시작된다

도마 위에 선택된 도미들을
판사 봉을 내려치듯 탕, 탕 탕 내려친다

남편을 돌려줄 때까지 바다에 죄를 물으리라

도마 위에서 팔딱거리던 숨이 바다의 기억을 거두어 간다
싱싱한 해체를 즐기는 사람들
그녀의 칼끝에서 눈동자가 싱싱하게 살아난다

그녀는 얼마나 오랫동안 판사 봉을 휘둘러야
바다는 무죄가 될까

누명을 쓰고 끌려온 사람처럼 바다는 멍하니 여인을
바라볼 뿐
죄를 아는 바람은 말이 없다

바다는 무죄가 될 수 있을까

리턴

점선들
너와 내가 걸어온 발자국들

의자 밑은 구멍

히말라야산맥 어디쯤이었을까, 돌아오는 시간이 지워졌지

그때는 애인도 잊힌 시간

어느 날 레드와인 앞에서 너와 나는

이스탄불로 회귀하는 새 같았지

수도자의 순례길은 먼저 지나간 흔적을 지우는 것

보고 싶은 하늘에 아는 색상이 떠 있지

이스탄불과 카파도키아의 풍선같이

몰입하는 눈동자같이

〈

굶주린 감정이 이별을 매달고

설산 위를 날고 있었지

꾹꾹 눌러 찍는 점선들

열세 번째 수집

빅데이터를 꽉꽉 채울 때까지

돌아오는 길을 지우고 있었지

풍등

세상이 모두 가파른 것은 아니기에

직선과 커브를 돌아 원반처럼 돌아온 당신에게
십자가처럼 팔을 벌렸다, 그리고

못 가본 세상으로 함께 걸었다

지나간 것들은 등 뒤에 두고

세상의 공평한 빛 속에서 각자 보이는 만큼 환해지기로 했다

움푹 파인 웅덩이에서 넘어지기도 했지만
다시 만나 발을 맞췄다

눈이 마주치면 서로의 기분을 살폈다

완만한 기울기의 따뜻한 햇살에 우리는 둥둥 떠다녔다

걸어온 길보다 갈 길이 멀지 않으니
높이 날지 않아도 되겠다

〈
한참을 걷다 고개를 숙이니
작은 잡풀들도 서로 플러팅하며 교감 중이었다

태양도 구름에 기대는 날이 많았다
기대고 살고 싶은 것은 사람뿐이 아니구나

풍등처럼 고운 하늘에 소망을 띄웠다

백두산의 비명

태초이고 싶다

내 몸을 자르던 사람의 눈과 입이 흉기였다

가슴에 안겼다 가는 구름만이 내 편이다

허공을 지나가는 바람만이 내 편이다

시편 시 속의 언어들만이 내 마음이다

생각이 먼저 다녀간 발목들이 지퍼를 닿듯
양쪽에서 몰려오고

나는 광대처럼 입을 벌리고 헛웃음을 웃는다

갈라진 몸으로 혼자 울다 스스로 지쳐가는 외눈박이다

같은 몸에서 계절을 맞는 다른 국적 야생화들
〈

꽃이라는 신분으로 웃어야 할지 울어야 할지
갈팡질팡 흔들린다

차이

고무 타는 냄새처럼 메케한 불꽃들
양처럼 젖은 눈 속에 사랑과 이별이 함께 있다
논리적인 해석은 눈동자에 있고 입을 지우고 싶은 사람처럼
닫힌 지퍼를 물고 있다

기쁨과 몰락이 농담처럼 섞이면
매 순간 손님처럼 어색하다

끝말잇기처럼 가지런한 설명은 스모그 속에서 헤매고
남아 있는 기억을 서로의 저녁에 묻을 수 있을까
몰입할수록 겹겹의 시간들이 독주를 마신 듯 혼미하다

벌어진 틈 사이에서
우리는 타버린 웃음 같다

깨어진 꽃병도 한때는 찬란했다

낚시

내가 나를 낚는 게 쉽지 않다

수도 없이 미끼만 바꾸는 중이다

어찌나 잘 아는지
어떤 미끼를 바꿔 끼워도 쉬 물지 않는다

월척인지 치어인지 입질만 다녀가며
애를 태우는데

꼭 낚고 싶다는 생각이 공명으로 깊어진다

나를 잡기만 해 봐라

하늘만 한 수족관에 가두리라

수제비

단단하게 뭉쳐진 한 덩어리
끈끈하고 쫀득해야 제맛이 난다

가족은 한 솥에 담긴 수제비 같아서

오래 치댈수록 차지고 부드러워진다

산다는 것은 끓는 물을 견뎌야 하는 속죄의 표정 같아서
뚝뚝 떼어서 던진 모양이 제각각이다

숟가락을 내려놓을 때마다
곡조 없는 노래를 흥얼거리듯

수제비를 끓이고 보니 한 권의 책을 읽은 듯
한 입 한 입이 뜨거운 페이지다

아마도

사랑이 이런 거라면
너무 시시해
아침 이슬이 내린 뒤
세 시간 후 같잖아

입술에서 나와서
주변으로 퍼지는 자음 모음이
귀에 익은 너스레이거나
시시한 농담 아닌

무거운 진담

안 보고도 관심이 있는
그리스·로마 신화처럼 솔깃했어

신화를 이해하기 위해
열두 개의 열쇠가 필요하듯이

아마도 너를 따는 열쇠는 따로 있을 거야

지금은 가장 정교한 물음을 깎는 중

이슬이 만들어지는 시간만큼 걸릴 거야

밤의 미학

밤을 지나온 침대의 네 모퉁이가

프라이팬처럼 동그랗게 말려 있다

만삭이 된 텔레비전에서

거친 호흡소리가 난다

씻어놓은 무처럼

하얗게 매달린 전등이

새벽을 비아냥거리고

가짜 모나리자가 혀를 날름거리며

키스를 청해 온다

천장이 쏟아져 천장이 없는 밤

낭만에 대하여

모두가 구부러지는 밤

변기에서 흐르는 물소리가

귓속으로 구부러지는

나의 영토에서

보드카의 빈 병으로 밤이 빨려 들어가고 있다

3부

일차 방정식

팔랑거리는 귀, 스멀거리는 코가 있다

일그러지는 입술, 냄새와 소문 사이 혀가 있다

계절에서 느낄 수 있는 교감과 달리
어디가 시작이고 어디가 중간인지 모호하다
출발점이 달라 어디를 경유했는지
입고 온 옷으로도, 신고 온 신발로도 알 수 없다

아귀 같은 입에서 나오는 바람의 농도를 기준으로
그날의 기후를 새겨두기로 했다

눈이 코에 닿을 수 없듯이 가까우면서 먼 것들
소리가 꽃인지 칼인지 알 수 없어서

꿈틀꿈틀 살아 있는 말을 꾹꾹 삼킨다

오늘 받은 메시지를 통째로 저장해두고

조금씩 해독해보기로 한다

물의 성장

물은 흐르면서 자란다

개울을 지나 돌에 부딪혀 직립하는 시간

한 발 서기를 하는 너를 보았다

새벽하늘을 안고 너를 버티면 한 뼘쯤 자라는 시간이다

너는 너를 건널 때마다 이별법을 배웠다

돌다리를 두들길 때마다 뼈마디 굵어지고 성대도 변했다

수평으로 걷는 날들은 하늘을 끌어안고 파랑이었는데

내 얼굴까지 보여준 날들은 너의 눈동자가 쾌청하였다

네가 자라 품이 넓어질수록

너를 보러 가는 길이 멀어졌다
〈

수평으로 걷는 날보다 직립의 시간이 많아진 너

냄새까지 성체의 비릿한 향기다

너라는 바다에 가 닿기까지가 아득하다

밥

밥을 인생이라고 생각하고
인생은 밥이라고 말하고 싶다

따로따로 알알이 한솥에 들어가
차지고 따끈한 밥이 되면 구수한 향기가
온 집 안을 뒤덮는다

신혼의 냄새다

따끈한 밥알이 엉겨 붙어 서로를 보듬고
떼어 내려 해도 떨어지지 않으려고 엉긴다

진작에 밥이 될걸
같이 먹으면 맛이 두 배가 되는 밥

잦은 외식으로 찬밥이 되는 날이 많아졌다
좋았던 시간을 지나 찰기도 굳어지고 구수함도 사라졌다

살아가는 날들은 공기에도 상하고
바람에도 늙는다

〈

시간이 지난 밥을 먹으려다
밥도 누렇게 늙는 걸 알았다

밥알은 서로에게 별 관심 없고 푸석푸석하다

보리차에 말아보지만 물만 빨아들일 뿐

고집만 퉁퉁 부어오른다

시간이 가져온 냄새가 시큼하다

중년을 넘어 고집만 남은 부부처럼

밥이 어떤 노부부를 닮았다

하지만 함께 있어야 끈끈해지는 밥

찰라

주름을 타고 무성한 초록이 복제되는 계절

몰입하는 습관이 생긴 뒤
지니고 다니던 결핍이 사라졌다

비워둔 자리에 섬 하나가 솟았다

반경 안에서만 움직이던 눈이 넓은 창을 열었다

마음이 가 닿지 못하면 섬이 되는 섬

마주 보는 습관은
남아 있는 젊음이 시키는 일이다

혼자 커지고 혼자 꺼지는 센서 등처럼
혼자 울다가 환하게 웃는다

부호처럼 따라다니는 얼굴
언제나 가까이 있는 섬

〈
혼자라는 말을 그 섬에서는 빼기로 했다

허공에 박음질

그럴 때가 있었어요
혼자서 허공을 끌어안는 일

잡히는 게 없으면 없는 대로
그냥 가벼워서 좋았어요

낮을 보내고 밤을 다 써도
머릿속에서 맴돌고 있다면 사랑이라고 생각해도 될까요
지나가는 구름이라는 책에서 새의 발자국을 봤어요

자전거 바퀴에 어제의 별들이 찍혀 있었어요

첫사랑의 선물을 볼 때마다 진달래처럼 붉게 피고 싶었어요

꽃을 배라고 새를 집이라고
삼각형 모자를 꽃이라고 쓰고 싶어요

당신이 시인을 이해해 줄까요?

물고기가 까마귀를 잡아먹었다고 쓰고 싶어요

모자이크된 사람이 주먹을 날릴지도 몰라요
나비와 꽃만 쓰면 당신이 화낼지 몰라요

꽃은 내가 더 잘 쓴다고
냉면이나 보리밥을 쓰라고 하지 않을까요
밥으로 시를 안치면
배고픈 이들의 허기가 메워질까요

허공에 박음질하는 시인이 되어
한 상 가득 차려놓고 눈 밝은 당신을 부를까요?

어때요, 같이 드실래요?

또니나[*]

어린 치타상은 누구를 기다릴까

또니나, 또니나,
또니나는 멀어요

입안에 맴도는 은밀한 도시였어요

옥수수를 조상으로 믿는 마야인의 순수가 목화꽃을 닮았구요
곰팡이도 피지 않는 차가운 방 안에 겹겹이 쌓여 잠든
기도 소리가 바람처럼 가볍게 들려요
말리꽃처럼 환한 카카오 신의 미소가 또 하나의 꽃으로 피어
풍요로운 들녘처럼 찬란했던 마야

초록이 융단처럼 펼쳐진 치아파스에서
서로를 끌어안는 돌의 약속은
마야인들이 우주로 보내는 간절한 기도라네요

돌은 피라미드를 지키는 단단한 자물쇠가 되었구요
서로를 끌어안는 돌의 약속은
마야인들이 우주를 탐하는 간절한 소망,

탑을 쌓은 돌은 단단한 열쇠가 되었다고 들었어요

머리를 풀어 헤친 구름이 똘롬에서 바다가 된 까닭은
바다의 몸에 빗방울로 출렁 닿았던 순간이고

또니나는 이름이 있는 도시였데요

* 또니나 : 고대 문명 도시였던 곳으로 돌로 지은 집을 의미하며 도시 자체가 7개 층으로 나뉜 거대한 피라미드다 옥수수가 조상으로 믿고 살던 마야인들이다.

모네의 정원*

계절 꽃들이 맞아 준다

모네의 손길이 멈춘 지 오래된 수련 호수

입구와 출구 호수를 지나온 바람의 혀가 달콤하다

앞뒤를 바꿀 수 없는 계절
원예가의 꿈처럼 배경을 생각하자

센강의 물줄기는 물줄기 따라 흐르고
우리의 마음은 서로에게 흐른다

구겨진 종이처럼 웅크리고 있던 시절

도마뱀처럼 꼬리를 잘라 두고 왔으면
그 순간 꼬리는 잠시 잊어도 괜찮다

라따뚜이 야채수프를 먹으며 해바라기로 앉아
붉은 와인으로 건배하자
〈

평화는 평화를 좋아하는 사람을 부른다

정원의 꽃향기 속 모네의 그림으로 들어가
오늘을 일탈이라고 쓰고 우리를 내일이라고 읽자

* 모네의 정원 : 프랑스 지베르니에 위치한 수련을 배경으로 한 정원.

과외

버킷리스트도 과외가 되나요?

거꾸로 가는 기차가 올까요?

생각나는 건 세상에 모두 있는 것들

생각나지만 세상에 없는 것들을 가르쳐주나요?

메릴린 먼로의 새하얀 플레이어 스커트는 바람의 과외를 받았을까요?
바람의 독서를 읽었을까요?

다음 계절이 이번 계절의 인사를 배우듯
뒤뚱거리며 따라오는 그림자

들키고 싶지 않은
유리창에 비치는 여인의 실루엣

여인에게 내준 숙제 풀 수 있을까요?
〈

언제쯤 혼자 풀 수는 있을까요?

침묵을 훑고 아스라이 멀어지는 그날들

다리의 엔딩

고양이 걸음처럼 지나가는 하루

다리에서 대장간 망치질 소리가 난다

평생 몸을 따라다니던 다리

반 박자도 쉬어 보지 못한 익숙한 걸음들

비명을 지르는 다리가 전부를 내놓는다

전부를 거는 시위는 강적이다
다리가 내지르는 붉은 소리를 듣는다

배고픈 고양이 울음보다 더 크다

한꺼번에 터질 속울음이 죽순처럼 자란다

비명과 피를 자주 뱉어낸다

평생 무게를 받치고 공손하게 서 있던 다리가

얼굴보다 먼저 굽었다

다리보다 더 아픈 곳이 가슴인 것을 나중에 알았다

꽃의 건기

한 송이가 전부였던 붉은 꽃이 졌다

부풀던 가슴이 다시 부풀 수 있을까

동백꽃을 좋아하던 네가 동백꽃이었다

채색될 시간도 없이 붉은 건기를 지나고 있다

펄럭이던 욕망이 뒷덜미를 잡는다

바다 허리춤에서 귀에 익은 목소리가 들린다

네가 없는 삽시도*는 시커멓게 멍들어 있다

함께 걸었던 모래밭에 발이 푹푹 빠진다

너의 시간을 뒤로 걷는 중이다

* 삽시도 : 충청남도 보령시 오천면에 있는 섬.

낙타와 바늘구멍

초원은 낙타를 방목하고 기록하기 좋은 곳

갈대 밑에서 새싹이 땅을 짚고 나올 때
웃는다고 믿고 싶다

너는 세상에 올 때 웃기부터 했다는 할머니의 거짓말은
눈부시다

일방통행으로 걷는 방향은
낙타가 바늘구멍을 통과하는 길이 거기에 있다

나를 찾으러 나와 함께 떠나는 길에

바늘구멍은 햇빛과 바람 사이에 있고
구름과 별빛 사이에 있다

한때는 가고 싶은 곳이 멀리 있다고 생각되어
눈을 그곳에 박아 두었지

죽을 만큼 아름답다는 그곳은 지구 밖에 있을까
내 안에 있을까

가을의 스윙

이곳에서의 첫 가을
체리향에 물들었다

구름도 밝게 보이는 이 도시의 목덜미

화려한 윈도에는 언약이 닿지 않은 혼례품들이
주인을 기다리고

기다릴 사람도 없이 노천카페에서 에스프레스를 마시며
꽃병처럼 앉아 두고 온 꼬리를 생각한다

잠깐 사이 여러 개의 꼬리들이 지나갔다

드라바강 강가를 걸으며 혼잣말 속에서
폭죽 냄새가 난다

둘러보니 고독이 고목으로 늙어 가고 있는데
여기서는 환한 꽃만 바라보기로 했다

햇살은 무심히 내리고 오시예크 드라바강˚에

한강이 얼비친다

바람이 없는 곳은 없으므로 볼을 스치며 묻는다
이곳 날씨가 어떠냐고

정들기 좋은 날씨다
붉은 지붕들이 넓은 품처럼 이별하기 싫은 곳

이방인들에게는 꽃처럼 소곤거림이 있고
날아오르고 싶은 날개가 있다

체리빛에 물들어서 모두들 둥둥 떠다녔다

* 오시에크 드라바강 : 크로아티아에 있는 강.

물의 뼈

구름이 무게를 참지 못하고 쏟아지는 밤
빗물에도 슬픈 감정이 있을까요

언어에도 뼈가 있듯이

투명하지 못한 날들은 어두운 꿈을 꾸었죠

각도가 어긋난 비의 방향은 바람에 책임이 있어요

조율이 끝난 피아노 소리처럼
모든 용서는 헌옷처럼 편안해집니다

내미는 손이 다 이별의 뜻은 아니지만

물은 물의 방향으로 흘러갑니다

돌아올 수 없기에 가던 길을 갑니다

물의 등뼈는 이별 뒤에 비로소
만질 수 있는 듯합니다

혀

오늘을 잘 물고 있어야 해요

새들의 노래를 그리운 당신에게 전합니다

바람과 새는 다른 언어로 살기에
새가 물고 있는 말을 바람의 혀로는 해석할 수 없어요

날아갈 때 꼭 수평을 유지할 필요는 없겠지요

한쪽으로 기울어지는 마음의 불시착은

고기압과 저기압의 마찰을 걱정합니다

말하지 못하는 어떤 비밀은
봄 아카시아 가시처럼 조심히 다뤄야 합니다

새의 혀를 닮은
당신의 입술은 안녕하신지요?

목줄이 있는 의자

먼 곳을 바라보는 가슴에
술빵처럼 숭숭 구멍이 뚫렸어요

구멍을 메우려고 주문을 걸었어요

체코 오스트리아 이탈리아

프랑스에선 줄을 걸어 의자에 앉힌다네요

의자는 마술에 걸렸어요
노루 토끼 누룽지 우리 오빠의 이름처럼

두 귀에 이국의 이어폰을 꽂았어요

프라하의 여인을 봤어요
부풀어 있던 가슴이 물수건처럼 접히면서
광장에 비가 오네요

빨간 우산을 펼치면 지붕이 빨개져요
〈

까를교*에서 구걸하는 걸인들은 외롭지 않겠죠
동행하는 개가 있어서

목줄을 풀어준 만큼 친절이 따듯해질까요

점심으로 콜레뇨와 커피를 마셨어요

서울에서는 밤 아홉 시 뉴스를 합니다

나의 불안한 여백에 엄마의 가슴을 그렸어요

* 까를교 : 체코 프라하에 있는 다리.

4부

요양원

뜨거운 날 옮겨 심은 화초처럼 생기 잃은 작은 숲

같은 무늬 나이테를 나누어 입고
반쯤 기운 달이 가족 대신 하루의 안부를 묻는다

기억조차 지워진 얼굴들이 휘장처럼 펄럭인다
가을과 겨울 가는 계절만 사는 곳

빛바랜 시간들이 웅크리고 있는 사물함은
입을 닫은 지 오래다

여기서는 기억을 낙엽이라고 부른다는데
하늘이 먼저 떨어진다

금방이라도 눈이 내릴 것 같은 얼굴들

눈부셨을 삶이 봉쇄된 곳
한때는 꽃이고 나비였다

꽃들의 생각

수평이 사라졌다

기울어지는 풍경들
구석을 밟으면 통로가 사라졌다

너를 만나지 않고는
한 걸음도 건널 수 없다고 생각한다

오래 디딘 발목이 기우는 것은
너를 생각하는 시간이다

방향을 잃은 몸이 종이비행기를 탄 듯
풍량의 기후가 조심스럽다

축축한 자리에서 남아 있는 향기를 맡는다

불가능은 젖은 가슴

계절을 건너지 못하는 꽃들의 트라우마
〈

갈라진 발바닥이 무덤에 닿았다

문상해 온 나비가 보이지 않는다

불멸의 약속

눈빛은 음악이 없어도 춤을 추지요

사랑은 웃음 한 방울로 문을 열어요

눈의 언어는
유형의 꽃이었다가 무형의 향기였다가

꽃병에 발을 담근 장미처럼 싱그럽게 살아나요

허공도 쓸어 담을 수 있다는 믿음은
꽃의 입을 열고 목젖까지 열어요

불꽃이 쏟아져 나와요

발아한 감정은 웃음의 양이 되지요

사랑이 물들면 심장은 붉은 장미가 됩니다

옥돌

어디서부터 차이며 왔는지
온몸에 피멍이 들었다

돌 같은데
집었더니 따뜻하다

아득한 우주에서 왔는지
별 냄새가 난다

손에 닿으니
서로의 체온이 섞인다

만지다 보니 윤이 난다

들여다보면
말랑해지는 가슴

깨져도 이름 바뀌지 않는
돌이라는 이름

돌의 심장에 따뜻한 체온이 있다

숲으로 가는 길

당신에게 가다 숲에서 길을 잃었다

발소리가 심장보다 빨리 뛰고
찾고 싶은 꽃의 이름이 생각나지 않았다

발밑의 금잔디가 은유적으로 말을 걸어왔다

새들에게 길을 묻고 싶지만
아직 새의 말을 배우지 못했다

금잔디에 길을 물었지만 바람의 입술로 말했다

헐렁했던 숲속의 길이 좁혀졌다

숲에서는 나를 알아야 길이 열린다

나를 만날 수 있을 때까지 걷기로 했다

발자국을 따라오는 들풀들이 까르르 웃는데

나는 어디까지 왔을까

먼 산이 당신의 마음처럼 자꾸 기울어갔다

계절이라는 우주

어제의 냄새와 오늘의 기분이 섞일 때가 있다

벚꽃 나무 밑이 쓸데없이 환했다

아우성치던 풍경이 아래로 내려앉았다

가지를 놓친 꽃잎이 땅의 발등에 수북했다

바람이 머물던 곳에 계절이 여백을 마련했다

무엇을 그려 넣고 싶어서일까

자연은 어느 쪽이 승리할지 짐작할 수 없는
난해한 질문들

사랑을 놓쳐버린 가지에 대한 꽃잎의 답변

구름의 뼈는 이별 뒤에 만지는 것
사랑은 지나간 계절이라는 우주에서 빛났다

〈
꽃들이 빠져나가고 이별의 피가 홍건하다

그 집 대문 안

구름 사이로 바라본 배경
돌팔이도 맞출 수 있는 바람의 결기가 있다

아껴두었던 말이 빛처럼 풀어지고
너는 묶어 두었던 생각을 보따리처럼 풀어 헤친다

조각보처럼 이어 붙였던 시간 속에

지워지지 않는 얼룩과 벽과 검은 나비의 역류가 있다

야화가 된 여자의 밤이 기울어져 쏟아져 나왔다

끌고 온 시간 속에 마침표와
도돌이표가 반복하고
사소한 질문이 서로의 키 높이를 넘고 있다

이 세상에서 완벽이란 죽어야 끝나는
종교의 믿음 같은

물방울이 터져 형체를 찾을 수 없을 때

완전한 이별이라고 읽을 수 있다

울고 싶은 어제의 어둠에서
충혈된 눈으로 조금씩 걸어 나오는 발목이 있다

일요일의 여자가 계명을 지나쳤다

사랑밖에 모른다는 책 속의 남자
귀하신 분의 생각이 궁금하다

아주 평범한 이야기

오른손과 왼손이 꼭 잡고 걷는다

애써 발맞추려 하진 않아도 척척 맞는다

가끔 박자를 놓치지만 넘어지거나 멈추지 않는다

예쁜 카페 창문 쪽으로 같이 고개가 돌아간다

영화관에 가서 러브스토리를 보고 같은 생각을 한다

코인 노래방에 눈이 꽂히면 행진처럼
발을 맞춰 들어가
같은 노래를 둘이 나눠 부른다

나란히 있는 것들이 정겹다

타인이 붙여준 이름

윤리에서 벗어난 자유
〈

꽤 괜찮은 이름이다

오른손이 왼손을 더 굳세게 잡는다

비빔국수

고추장에 허기를 섞어 비비면
설탕보다 달았다

돌돌 감아 흉년을 같이 넘겼다

국수를 먹을 때만 움직이던 오빠의 입술은
어머니 속을 새까맣게 태웠다

아버지의 오랜 출타는 가뭄보다 더 바삭거렸다

쉬 가지 않는 후끈거리는 시간에는
어머니의 한숨이 섞여 있었고

오이냉국을 훌훌 마시던 날 가뭄이 훌쩍 훌쩍 울었다

초가지붕에서 흐르던 낙숫물에 어머니의 반가움도
함께 섞여 내렸다

까다로운 입맛 숨길 수 없어
어머니한테 손사래 치던 못된 손버릇

〈
어느새 그때의 어머니 손보다 더 늙어버린 손
가끔은 일회용 국수에 끓는 물을 붓는다

빈 그릇처럼 덩그러니 혼자
비도 없는 날 눈에서 낙숫물이 내린다

초록을 품다

그리운 것이 남쪽으로부터 왔다
네가 아는 이름과 내가 아는 이름이 함께 있다

발도 없는 것이 실어 나르는 초록에는
마음을 포개거나 큰 창 열어 손짓하지 않아도
초록이 초록으로 왔다

함께 있어 태동하는 오후
태양 쪽으로 휘어지는 풀잎들

이름과 이름이 어깨를 맞대고
피지 않은 꽃들의 향기가 궁금해진다

초록을 딛고 고개 들게 하는 저 중력의 몸짓은
어디에서부터 오며 허공으로 번지는 걸까

초록이 무수히 복제되는 계절

고목을 돌아 나오는 바람의 냄새에도
초록이 섞여 있다

〈
비밀처럼 감추고 있던 저 초록은
어디에 숨어 있다
어디에서 오는 걸까

초록을 흠모하는 나에게도
푸르른 물이 흠뻑 들었다

과수원에 열린 글

그곳에서는 우리는

꽃자리마다 행간을 흔들며 붉게 웃겠지

공원 속의 어디에나 서 있던 나무가 아니고

씨앗으로 싹터 자라는 나무의 성장통은 가벼운 염증

붉게 부어올랐다가 가라앉으면 단단한 근육이 자랄 테지

사랑했다는 이야기를 써도 될까

한 송이 꽃에 다녀간 나비의 이름들도

주렁주렁 열린 사과 이야기도

꽃 진 후 이별 이야기도

노란 리본을 묶어 둘게

나는 늘 열려 있는 창문이야

동우회

우리는 같은 어종이다

서로 낯가림 없이, 미역 줄기가 물결에 쏠리듯이
같은 방향으로 흐르며 몰린다

어떤 고기는 방향을 틀어 고개를 돌리다가
무리로 돌아와 아무 일 없는 듯 시치미 떼고 다시 섞인다

비가 오는 날은 시가 온다로 혀가 실수지만
어느 것이 진심인지 자신도 헷갈려
변색하는 물고기처럼 자꾸 뒤집는다

눈에 들어오는 피사체에 초점을 맞춰
서로가 모르는 사람처럼 착각한다

우르르 몰려가 달을 따서 가방에 넣고

방생처럼 자유롭게 나온 곳으로 다시 발길 돌리는 사이

승리를 다짐하는 스윙 같은 사람들

우리라는 말

내가 풋사과일 때
구르기 좋은 곳에서 토마토와 함께 굴러다녔다

토마토는 사과가 될 수 없어
문밖에서 저 혼자 터졌다

아버지는 빈손 채우려고 떠난 길 오는 길이 멀어졌다

푸른 것들이 궁금하면
등기로 안부를 물으셨다
토마토의 안부도 끝에 적었다

막걸리에 붉게 취한 날
딱 한 번 노크로 토마토와 우리가 되었다고
서러워 토마토처럼 구른다

엄마의 얼음 같은 고요가 길어졌다

붉어지는 토마토에 사과라고 이름 붙여준 엄마
〈

아버지와 엄마는 산수유처럼 웃으며
밀알 같은 이야기로 우리가 될 수 있을지

엄마의 텃밭이 궁금했다

아버지의 꽃밭은 벚꽃처럼 환한 소문이 무성했다

남의 이름에 흠집 내지 마

첨이 참이라 하였다

입점 특가

씨앗보다 더 고운 김치가 최고의 맛이라는
꽃 같은 말에 밑줄을 긋고
보름달처럼 웃는 그이가 예뻤다

유명의 이름표를 붙이고
곧 매진이라는 말에 전화기를 정신없이 누르며
침을 꼴딱꼴딱 삼켰다

식욕을 부추기는 불꽃은 언제든 발화할 기회를 엿본다

부정맥의 심장을 달래며 상자를 끄집어들였다

맞선자리에서 마음에 들지 않는 상대가 나왔을 때
이런 기분일까

일어서지도 못하고 앉아 있기도 불편한 관계

〈
물러터진 배추 냄새가 식초병을 쏟은 듯
시큼한 냄새가 어깨를 넘어 집 안을 뒤덮는다

열기도 전에 손바닥을 움켜쥐었다

입안에서 말을 골라 전화를 걸었다

'도로 가져가' '남의 이름에 흠집 내지 마'

발아의 시기

가벼운 떨림이 있었죠

실눈을 떴어요

숨겨두었던 호기심이
달의 헛기침같이 터져 나왔어요
생각이 분주해집니다
언어에서 빠져나온 뼈들이
기지개를 켭니다

수신하지 못한 문자들이
나를 두드립니다

느리게 또는 속달로
당신에게 가고 싶어요
매일 뜨는 해가 살갗을 태우듯

늘 새롭게 태어나고 싶습니다

밑줄 위 빼곡히 적은 은유 너머의 은유들이

발아되고 있어요

병아리 발자국 가득 찍힌 기록을 첨부합니다

■□ 해설

붉거나 노란 나비의 날갯짓 같은 감정을 찾아서

문정영(시인)

　박유정 시인은 본래 전문 사진작가이다. 시인이 시를 쓴 계기는 정확히는 모르나 시인의 감성(본성)이 우러나왔거나, 사진을 통한 피사체를 바라보는 눈이 시의 은유에 닿았기 때문일 것이다. 거기에 사물이나 사람에 대한 사랑의 감정이입이 끓는 점 위에 있었을 수도 있다. 사진이나 시는 하나의 시각적인 부분과 일반 사람들이 찾지 못한 새로움에 대한 탐구라는 지향점이 같다. 그렇기에 전문적으로 시공부를 짧게 한 박유정 시인의 시쓰기에 대한 발전 속도는 놀랍도록 빠르다. 결코 겉만 들여다본 것이 아니라 세상의 이치와 사물의 본질 그리고 인간의 심성에 이르기까지 일반 사고의 틀을 깨뜨린 작품들이 많다.

그것은 시인의 세상 바라보는 눈길이 숙성해졌고 대상을 언어화하는데 사진이라는 매체가 많은 역할을 했을 것이라 본다.

시인과 시의 역할이 여러 가지가 있겠지만 그중에서 공감을 얻어내는 것은 동화를 어린이의 마음으로 읽어내는 일만큼 쉽지 않다. 공감은 다른 사람의 마음에 들어가 타인을 자신과 동일시하듯 타인을 이해하고 그의 관점으로 바라볼 줄 아는 힘을 말한다. 공감이 많이 일어날수록 뇌 영역이 활성화되며 공감은 상대의 내면으로 '옮겨 가기'를 하는 일이다. 시를 쓰는 일이 공감을 읽어내는 기술이라 하지 않던가.

벨기에 출신 비평가 조르주 풀레는 동화와 공감의 읽기를 통해 작품이 드러나고 교감하게 하는 순수한 주관적 감동에 참여하는 읽기를 할 수 있다고 했다. 同化하는 만큼 작가와 공감의 영역이 넓어지지만, 작가의 주관적 체험이란 독자의 주관적 체험과는 다를 수 있다. 환경이란 물리적 외에 시간적, 공간적, 체험적 환경 등등 무한한 조건적 포인트를 갖기 때문이다.

이런 다양한 시선으로 바라본 박유정 시인의 시는 몇 가지 특성이 있다. 그 특성을 따라 시인의 발자국을 따라가 보자. 시인의 말하고자 하는 의도를 찾아 읽는 재미는 결국 독자의 즐거움이다.

1. 다시 나비의 계절 속으로

흔한 시적 소재인 자연. 그 자연에 발붙이고 자연물을 빌린 시는 시인의 내면 의식이다. 자연을 빌어온 시인은 현실을 위무하는 정서적 일체감을 얻는다. 그것을 통하여 자신을 고백한다. 배회하는 정서를 자연적 서정을 빌려 드러낸다. 그러나 시인은 자연과 자연물을 읊되 그 서정이 지니는 한계를 넘어 정신적 가치를 되짚어간다. 그리하여 자연이 주는 서정은 물론 인간적 정서까지 아우르는 시 세계를 읽는 일은 더욱 의미 있다.

분홍 소문과 가까워졌어
잘 익은 웃음은 꽃으로 부풀겠지

어쩌다 바깥과 안을 모두 갖춘 완벽이라는 얼굴에
이름표를 달았을까

그 나비는 얼마나 많은 꽃밭을 날아다녔을까

〈

홍조 띤 부끄러움이 가벼워졌을 때

누군가가 진실을 열어 수줍게 시작하겠지

맞닿을 듯 가까운 시선에서

안단테, 알레그로라고 적어 두었지

쓰다듬을수록 가까워지는

사탕 천천히 녹이는 방법으로

겨드랑이에 닿아도 팔에 걸어도

순해지는 순간순간 멀리서 날아온 나비

사선으로 스쳐도 직선으로 스쳐도

분홍이 깊어지는 사이 그 이름은 다시 나비

― 「다시 나비를 쓴다」 전문

"분홍"의 계절이 있었다. "잘 익은 웃음"이 "꽃으로 부풀"던 계절. 그 봄은 "바깥과 안을 모두 갖춘 완벽이라는 얼굴"이지만 "나비"가 있어야 가능했던 생의 계절. 화자가 완벽한 봄을 맞을 때,

즉 나름의 그럴듯한 "이름표를 달았"을 때 한 생의 역사는 나비와 함께 "수줍게 시작"되었을 것이다. "안단테, 알레그로"의 속도로, 느리게 혹은 빠르게 지나온 생이었다. 그러나 지금은 저만치 멀어진 "분홍이 깊어지던" 그 봄을 날던 나비를 생각하는 화자. 화자는 지나온 봄의 열정을 기대하며 "다시 나비"를 그리워한다.

    자연에서 시적 의미를 짚는 것은, 자본주의적인 일상에서 멀어지려는 서정성과 관련 깊다. 현실비판이라기보다는 인공적이거나 문명적인 이기심과 멀리하려는 의도이다. 자연이라는 총체 안에서 생명과 생태 혹은 생물들에 초점을 맞추는 낭만성은 자칫 공허해질 수 있지만, 현실을 인식한 시 쓰기는 그 문제에서 벗어난다. 그러므로 자연과 사물의 모양과 재질을 넘어선 시적 내면은 자신을 중심으로한 외부의 현실까지 포함한다.

    수평이 사라졌다

    기울어지는 풍경들
    구석을 밟으면 통로가 사라졌다

    너를 만나지 않고는

한 걸음도 건널 수 없다고 생각한다

오래 디딘 발목이 기우는 것은
너를 생각하는 시간이다

방향을 잃은 몸이 종이비행기를 탄 듯
풍랑의 기후가 조심스럽다

축축한 자리에서 남아 있는 향기를 맡는다

불가능은 젖은 가슴

계절을 건너지 못하는 꽃들의 트라우마

갈라진 발바닥이 무덤에 닿았다

문상해 온 나비가 보이지 않는다

-「꽃들의 생각」전문

한결같을 것 같던 봄도 "수평이 사라졌다". 그리하여 "기울어지는 풍경들"이다. 봄은 봄으로 다시 향하는 "통로가 사라져"서 화자는 "나비"를 갈망하지만 "너"로 대변되는 나비는 어디로 사라졌는지 보이질 않는다. 그 나비는 어디로 떠났을까. 정착하지 못하는 생의 계절처럼, 너라는 나비는 한곳에 머물지 못하여서 꽃은 "축축한 자리에서 남아 있는 향기를 맡"을 뿐이다. 나라는 꽃은 여성성의 한계, 끝내 허무로 대변되는 "무덤에 닿"는 "꽃들의 트라우마". 날아간 나비는 더 이상 보이지 않는다.

> 빛바랜 시간들이 웅크리고 있는 사물함은
> 입을 닫은 지 오래다
>
> 여기서는 기억을 낙엽이라고 부른다는데
> 하늘이 먼저 떨어진다
>
> 금방이라도 눈이 내릴 것 같은 얼굴들
>
> 눈부셨을 삶이 봉쇄된 곳
> 한때는 꽃이고 나비였다
>
> — 「요양원」 부분

나비를 따라간 것도 아니고, 따라갈 수도 없지만 봄이었던 "꽃"도, "눈부셨을 삶"을 봉쇄당하고 떠나간 나비도 그러했을 것. "금방이라도 눈이 내릴 것 같은 얼굴들"을 하고 있다. '요양원'은 "빛바랜 시간들이 웅크리고 있는 사물함", 입을 닫은 꽃과 나비가 각자의 "기억"을 떨어뜨리며 잊혀가고 있다.

현재 시인의 외적 상태 혹은 심리적 상황을 대변하는 생의 계절은, 자연의 순환에 맞춘 원숙한 시기다. 인간사가 늘 그렇듯, 기쁨과 조우해도 근원적인 우울과 슬픔, 환멸과 욕망 등과도 얼굴을 마주해야 한다.

> 조각보처럼 이어 붙였던 시간 속에
>
> 지워지지 않는 얼룩과 벽과 검은 나비의 역류가 있다
>
> 야화가 된 여자의 밤이 기울어져 쏟아져 나왔다
>
> 끌고 온 시간 속에 마침표와
> 도돌이표가 반복하고
> 사소한 질문이 서로의 키 높이를 넘고 있다
> 〈

이 세상에서 완벽이란 죽어야 끝나는

종교의 믿음 같은

물방울이 터져 형체를 찾을 수 없을 때

완전한 이별이라고 읽을 수 있다

-「그 집 대문 안」 부분

그곳에서는 우리는

꽃자리마다 행간을 흔들며 붉게 웃겠지

공원 속의 어디에나 서 있던 나무가 아니고

씨앗으로 싹 터 자라는 나무의 성장통은 가벼운 염증

붉게 부어올랐다가 가라앉으면 단단한 근육이 자랄 테지

사랑했다는 이야기를 써도 될까

한 송이 꽃에 다녀간 나비의 이름들도

〈

주렁주렁 열린 사과 이야기도

꽃 진 후 이별 이야기도

노란 리본을 묶어 둘게

나는 늘 열려 있는 창문이야

– 「과수원에 열린 글」 전문

생의 과정에서 일련의 감정을 만나면서 지난 시절의 회한이 밀물지기도 하지만 부류의 감정이 부끄럽거나 비관적이거나 비판적이지 않다. 왜냐하면 "이 세상에서 완벽이란 죽어야 끝나는/ 종교의 믿음 같은" 것이어서 "형체를 찾을 수 없을 때"에만 "완전한 이별이라고 읽을 수 있"기 때문이다. "완전한 이별"까지 우리는 여전히 "꽃자리마다 행간을 흔들며 붉게 웃"고 여전히 "성장통"을 겪으며 생각과 이해와 화해의 "단단한 근육"이 붙을 것이다. "꽃 진 후 이별 이야기도" 비극이라기보다는 또 다른 희망으로 환기할 수 있는 것이다.

인간사 저마다 나름의 굴곡이 있다. 즐거움과 설움은 물론 갈증이 있다. 그런 그것들은 수런거리는 마음이다. 즉 욕망이며 그리움이며 갈등이다. 그들은 희망과 절망 사이에서 아슬아슬 경계를 넘보기도 한다. 그러한 것을 잡아 자신만의 시적 세계를 이루는 박유정 시인은 삶의 허기 혹은 비애 등에 관심을 둔다. 그 과정에서 빌려온 '나비'는 자연사에서 비롯되지만, 결국은 시인 내면으로 흐르는 정신적 소재라 할 수 있다. 그 나비는 화자인 '꽃'을 이끌어 주는 존재, 사랑으로 도달하게 하는 존재, 시인을 생존케 하는 매개자이자 그리움의 존재이기 때문이다. 그리하여 시인이 '나비'에 집중하는 것은 시인의 가슴속 내재 된 타자를 부르는 존재에 대한 갈망이다.

2. 인간의 욕망 속 사랑과 이별을 바라보며

　박유정 시집은 인간의 욕망과 자연과 영원의 흐름을 순환적으로 보여주고 있다. 전언적 전통과 습관을 공격함으로 환상적이고 정상적인 것들의 삶을 엿볼 수가 있다. 자연과 인간과 동물과 곤충으로 우주의 공간을 통해 인간의 욕망과 속성을 다양하게 드러낸다. 어쩌면 인간은 욕망을 보여주거나 숨기며 사는 존재일 것이다. 누구에게나 같은 함량의 욕망은 있다. 그것을 시를 통해서 사랑을 통해서 보여주는 것이 시인이다. 분명 시인의 욕망은 평범하지 않다.

앞에서 언급한 "분홍 소문과 그 나비는 얼마나 많은 꽃밭을 날아다녔을까"(「다시 나비를 쓴다」)라는 시가 보여주고 있는 것은 나비의 습성인 분홍(꽃)의 깊이이다. 일상생활에서 리얼리즘적 세계의 부조리다. 하지만 나비는 육체의 변이과정을 걸치고 나온 날개이다. 그 날개는 누군가 진실을 열어주었을 것이고 여름 잎사귀처럼 흔들리는 체온을 느끼게 했을 것이다. 날개의 습성은 날아가는 것 원하는 꿈의 세계 어디나 이동은 자유롭다. 시인은 진실한 시의 언어로 나비를 통해 또는 분홍을 통해 욕망의 距離를 보여주고 있다.

당신의 진실은 웃을 때 더 희미하다

흐린 날 해가 어디쯤 있을지 짐작해 보는 것처럼
자꾸 바라보는 습관에는 질문이 들어 있다

밖에서 안을 보는 실루엣이 확실치 않아

너의 속으로 숨어드는 날들이 많았다

새의 깃털은 어린 바람에도 흔들리듯이
느린 걸음걸이에는 하루의 기분이 실려 있다

맑은 날 모든 풍경에는 그림자가 있고

그림자가 선명치 못했던 날들은
풍경이 나에게 또 다른 질문을 보여주었다
-「보이는 만큼 질문합니다」부문

"흐린 날 해가 어디쯤 있을지 짐작해 보는 것처럼/ 자꾸 바라보는 습관에는 질문이 들어 있다" 이 문장에서는 의구심을 질문으로 보여준다. "너의 속으로 숨어드는 날", "느린 걸음걸이에는 하루의 기분"에는 합리적이면서도 추상적인 판단이 내포되어 있다. 그동안 풀고 싶었던 감정들이 응축하고 있음을 행간을 통해 엿볼 수 있다. 그래서 사랑의 감정은 절대 단순하지 않다. 미묘하기에 호기심이 있다.

그날은 서로에게 들려준 것도 없고

쥐어준 것도 없었다

동쪽과 서쪽을 바라보며 각자의

커피잔을 더듬으며 들숨과 날숨이 대화의 전부였다

집으로 돌아오는 길에 빈집 같은 차에서

생각나지 않는 얘기를 기억해보았다

나무를 자른다는 일이 얼룩처럼 신경 쓰여서

안부조차 묻지 않고 크리스마스가 한 번 지나가고

또다시 크리스마스가 도래하고

길게 늘어진 장마 끝에 당도한 맑음처럼

오랜만의 우연한 재회였다

…중략…

불시착한 엔진처럼 살펴볼 게 많은 듯

넓이와 높이를 지나 느림의 미학으로

깊이를 들여다보는 중이다

－「재회」 부분

　박유정 시인은 재회의 기쁨을 마주하면서도 조심스레 내면의 세계에서 상대방을 바라보고 있다. 서로 다른 "동쪽과 서쪽을 바라보"면 숨소리만 들린다. "나무를 자른다는 일이 얼룩처럼 신경 쓰"인 시인은 느낌이나 의식 속에서 서로의 희미한 실체를 드러나게 만든다. 어우러질 수 없는 존재감이 "불시착한 엔진처럼" 깊이를 들여다보는 중이다. 언어의 긴장감을 높여주고 상상력 확장이 포괄적인 부분들이다.

초원은 낙타를 방목하고 기록하기 좋은 곳

갈대 밑에서 새싹이 땅을 짚고 나올 때
웃는다고 믿고 싶다

너는 세상에 올 때 웃기부터 했다는 할머니의 거짓말은
눈부시다

일방통행으로 걷는 방향은

낙타가 바늘구멍을 통과하는 길이 거기에 있다

　　나를 찾으러 나와 함께 떠나는 길에

　　바늘구멍은 햇빛과 바람 사이에 있고
　　구름과 별빛 사이에 있다
　　　　　　　　　　　　　－「낙타와 바늘구멍」 부분

　낙타가 바늘구멍으로 들어가기란 있을 수 없는 일이지만 시인은 우리의 의식을 공격함으로써 바늘구멍은 햇빛과 바람 사이 구름과 별빛 사이에 있다고 했다, 그렇다면 낙타는 바늘구멍을 통과할 수 있을지도 모른다. 불안한 세계가 허구에 불과한 것이라면 이와 반대로 환상의 나라처럼 여행자의 길을 떠나는 것이다. 나를 찾으러 나와 함께 떠나는 길 나 자신에게도 죽을 만큼 아름다운 지구 밖이 아니라 내 안에 있을 거라는 믿음으로 독자들을 그의 내면의 세계로 이끌어 간다. 공간적 이미지를 통해 주관적 의식을 함축하고 있다.

　　구름이 무게를 참지 못하고 쏟아지는 밤
　　빗물에도 슬픈 감정이 있을까요

〈

언어에도 뼈가 있듯이

투명하지 못한 날들은 어두운 꿈을 꾸었죠

각도가 어긋난 비의 방향은 바람에 책임이 있어요

…중략…

물의 등뼈는 이별 뒤에 비로소
만질 수 있는 듯합니다

-「물의 뼈」 부문

 물에도 뼈가 있을 것이다. 그러니까 물은 진지함을 내포하고 있는 물의 힘으로 계속 흐르고 있다. 물에도 생존을 위한 구체적인 행위가 있으므로 힘의 원리에 따라 어느 한 방향으로 흐르고 있다. 물에는 많은 감정이 실려 있다. 공포, 안락함, 행복, 부드러움, 투명의 길, 때론 끊김을 언어의 표상으로 보여주고 있다. 투명하지 못한 날, 투명해야 할 물의 감정은 아프게 다가온다. 이별 뒤에 비로소 만진 물의 등뼈, 물에도 등뼈가 만져진다는 시인은 그

로테스크한 형상을 그려내고 있다.

3. 둥글게 닳은 차돌에서 뽑아내는 육성

시와 마주 대하며 작가와의 마음을 읽어보며 읽을수록 공감이 커진다. 그런데도 박유정 시인의 시를 읽으며 얻어지는 느낌은 한 개의 질문으로 다가온다. '목소리가 아닌 육성이라는 단어와 어울리는 시가 이렇게 담담하고 소박할 수 있을까?' 작가의 무의식에서 흐르는 생명력이 긍정적이고 소박할 수 있는 것은 세찬 풍파를 거쳐오면서 많이 닳아 둥글어진 일상 속 단단한 차돌을 보는 듯하다. 그래서인지 박유정 시인의 시에는 차돌 같은 살아있는 시어가 풍부하다. 자신을 가만히 들여다보며 자신을 되찾아 가는 동화인 듯한 「숲으로 가는 길」을 읽어보자.

　　당신에게 가다 숲에서 길을 잃었다

　　발소리가 심장보다 빨리 뛰고
　　찾고 싶은 꽃의 이름이 생각나지 않았다
　　〈

발밑의 금잔디가 은유적으로 말을 걸어왔다

새들에게 길을 묻고 싶지만

아직 새의 말을 배우지 못했다

금잔디에 길을 물었지만 바람의 입술로 말했다

헐렁했던 숲속의 길이 좁혀졌다

숲에서는 나를 알아야 길이 열린다

나를 만날 수 있을 때까지 걷기로 했다

발자국을 따라오는 들풀들이 까르르 웃는데

나는 어디까지 왔을까

먼 산이 당신의 마음처럼 자꾸 기울어갔다

-「숲으로 가는 길」 전문

박유정 시인은 '당신'을 자신의 일상에서 늘 가까이 두고 의지하고 때로는 갈구하고, 때로는 관망하며 쉬지 않고 생명을 이어가는 힘으로 따라가며 '당신'에게 말을 건다. '당신'은 인간의 상대적 개념으로서의 초인간적 존재이기도 하고 사랑하는 사람으로서의 존재이기도 하고 때로는 떨림을 주는 허상일 수 있다.

시인은 '당신'을 통해 삶에 대한 가치관과 꽃피우고 싶은 욕망과 바람이 부는 세상을 거닐며 앞으로 나아가야만 하는 두려움을 느끼는 순수한 인간의 원초적 고독을 순수하게 그려낸다. "헐렁했던 숲속의 길이 좁혀졌"을 때 "나를 알아가"며 살아가는 지혜를 얻고 길이 열린다는 진리를 알아 가는 차돌이 되어가고 있다. 독자는 작가와 동일 인물은 아니지만 작가와 동일시되는 공감을 가지며 작가의 깊은 마음에 가까이 갈 수 있다. "나를 만날 수 있을 때까지 걷기로 했다"는 의지로, '당신'의 마음으로 시인은 "자꾸 기울어"가며 살아가고 있다.

밤을 지나온 침대의 네 모퉁이가

프라이팬처럼 동그랗게 말려 있다

만삭이 된 텔레비전에서

〈

거친 호흡소리가 난다

씻어놓은 무처럼

하얗게 매달린 전등이

새벽을 비아냥거리고

가짜 모나리자가 혀를 날름거리며

키스를 청해 온다

천장이 쏟아져 천장이 없는 밤

낭만에 대하여

모두가 구부러지는 밤

변기에서 흐르는 물소리가
〈

귓속으로 구부러지는

나의 영토에서

보드카의 빈 병으로 밤이 빨려 들어가고 있다
-「밤의 미학」 전문

　인간존재를 가장 절실하게 실감하는 시간은 밤이다. 인간이라는 자연물이 현대의 디지털적이고 기계적인 공간에서 "텔레비전의 거친 호흡소리"를 들으며 "천장이 없는 밤 낭만에 대하여" 꿈꾸는 순간이 있다. 그 순간에 우리는 무의식 속에서 원초적인 낙원과 자연이 가득한 밀림이나 숲을 상상하며 정화된 나의 영토를 꿈꾼다. 바슐라르처럼 '높이의 몽상'에 이르면 침대를 벗어나 '천장이 없는' 자유로운 비상과 상승을 향하는 역동적인 욕구를 펼치는 존재가 시인이다. 밤조차 "보드카의 빈 병으로" 빨려 들어가게 하는 몽상은 희망적이다.

　'당신'과 공존하며 공생하는 시인은 호기심이 많다. 작가로서 가지는 호기심은 시인의 창작 의욕과도 상통하지만, 오랜 연륜에서 깊어진 겸손으로도 드러난다. 오랜 경험에서 오는 동물적인 감각은 육감적으로 세상을 바라보는 데 "가벼운 떨림"을 가지고 "실눈을" 뜨는 것이다.

첫 시집을 출간하는 박유정 시인의 마음이기도 하고 꽃봉오리가 개화하는 과정에서 인고해야 하는 것처럼 작가는 '당신'을 만나기를 기다려 온 것이다.

가벼운 떨림이 있었죠

실눈을 떴어요

숨겨두었던 호기심이
달의 헛기침같이 터져 나왔어요
생각이 분주해집니다
언어에서 빠져나온 뼈들이
기지개를 켭니다

수신하지 못한 문자들이
나를 두드립니다

느리게 또는 속달로

당신에게 가고 싶어요

매일 뜨는 해가 살갗을 태우듯

늘 새롭게 태어나고 싶습니다

밑줄 위 빼곡히 적은 은유 너머의 은유들이

발아되고 있어요

병아리 발자국 가득 찍힌 기록을 첨부합니다

- 「발아의 시기」 전문

　실존적인 존재이든 실존하지 않는 존재이든 "수신하지 못한 문자들이 나를 두드"릴 때마다 박유정 시인의 정서는 강한 생명력과 생활력으로 살아 있다는 인상을 준다. 어쩌면 언어마저 뼈를 빼내었어야 할 기다림의 긴 시간을 보낸 뒤에 발아되었을 것이다. "언어에서 빠져나온 뼈들"이 애착으로 남아 현대를 살아가는 고통에서도 "살갗을 태우듯" 긍정의 사고로 건강한 욕망을 이야기한다.

　시인은 직설적이고 솔직하게 주장을 펼치며 '늘 새롭게 태어나고 싶습니다'라고 예정된 미래를 향한 희망을 전하고 있다. "병아리 발자국"은 소박함이 겸손과 호기심의 유착으로 빚어지는 생명력이다.

한 영혼이 또 다른 한 영혼에 그은 실금 같은 외로움과 상처를 두 팔 벌려 껴안는다는 것은 사실 일종의 모험이다. 한 세계가 다른 한 세계를 제 심장에 내포하려는 몸짓은 강렬한 호기심인 동시에 어려운 과제이다. "직선과 커브를 돌아 원반처럼 돌아온 당신을 향해" "십자가처럼 팔을 벌린" 시인에게, 사랑은 "세상이 모두 가파른 것만은 아니"라는 위안을 준다. 사랑이 잉태되는 순간 "가벼운 떨림"이 찾아들고, "숨겨두었던 호기심이 달의 헛기침같이 터져나오"며, 어느새 단단한 몸피를 헤집고, 남몰래 실눈 뜨는, 그것이 사랑이라는 것을 알려 주는 시집이다. 리듬감 있게 찬찬히 읽어나가며 음미해보기를 권한다.